ASSOCIATION DU PROGRÈS.

RÈGLEMENT.

ASSOCIATION

DU PROGRÈS.

Souscription pour l'instruction Du Peuple.

Règlement général.

LYON. — (JANVIER. 1834.)

Règlement général.

TITRE PREMIER. — CHAPITRE UNIQUE.

Dispositions générales.

ARTICLE 1. L'association du Progrès est une œuvre toute légale et philanthropique, instituée pour répandre l'instruction dans la classe industrielle. Elle doit tendre constamment à la propagation des connaissances utiles à l'homme, et particulièrement de celles qui se rattachent à ses droits et à ses devoirs comme Français, comme citoyen, et comme chef de famille. Ses moyens d'instruction sont : la publication d'écrits et l'établissement d'un bureau de consultation créé pour éclairer chaque citoyen sur ses véritables droits et devoirs.

ART. 2. L'association est composée d'un

nombre indéterminé de souscripteurs réunis en sections ; neuf souscripteurs au moins, et dix-neuf au plus forment une section, présidée par un collecteur. Trois sections au moins, et dix au plus forment une division ; la réunion de leurs collecteurs forment le Conseil divisionnaire. Le Président divisionnaire est nommé par et parmi tous les membres de la division.

Art. 3. Le comité d'administration est composé de la réunion des Présidens divisionnaires.

L'association toute entière nomme parmi ses membres les Président, vice-Président et Secrétaires généraux du comité d'administration.

Art. 4. L'association du Progrès, reconnaissant les hommes tous égaux en droits, n'attache aucune dignité aux emplois qu'elle donne ; elle n'a que des fonctionnaires élus pour un an, à la majorité absolue des suffrages ; ils sont révocables de la même manière et peuvent être réélus.

Art. 5. Nul membre de l'association ne peut exercer deux fonctions à la fois.

TITRE 2.

Dispositions particulières.

CHAPITRE PREMIER. — *DES SECTIONS.*

PREMIÈRE PARTIE.

Formation et attributions des Sections.

Art. 6. Les membres de chaque section, composée comme il est dit art. 2, nomment un Collecteur, un Secrétaire, un Caissier et un Commissaire-vérificateur.

Art. 7. Le Collecteur convoque les membres de la section, et maintient l'ordre dans les réunions ; il est dépositaire responsable de toutes les archives de la section.

Art. 8. Le Secrétaire tient une note de 'ous les souscripteurs de sa section, par noms, prénoms, profession et domicile ; rédige les procès-verbaux, et fait en outre toutes les écritures qui ne concernent pas la comptabilité.

Art. 9. Le Caissier perçoit dans la première huitaine de chaque mois le montant de la souscription mensuelle, fixée pour tous à cinquante centimes au moins, et dresse un état des sommes payées et de celles arriérées.

ART. 10. Le Commissaire - vérificateur est chargé de la vérification des comptes de l'association.

ART. 11. Indépendamment des fonctionnaires ci-dessus, chaque section nommera un Caissier particulier chargé de recevoir et de conserver sous sa responsabilité les fonds provenant de la boîte de secours.

Lorsqu'une section aura atteint le nombre de dix-neuf membres, neuf d'entr'eux se détacheront pour former une nouvelle section.

DEUXIÈME PARTIE.

Admission, mutation, exclusion.

ART. 12. Toute personne qui voudra faire partie de l'association, devra être proposée par un des souscripteurs qui donnera, séance tenante, tous les renseignemens qu'il possède sur le candidat. Le Collecteur après avoir pris l'avis de la section (qui pourra décider immédiatement le rejet à la majorité absolue), nommera deux Commissaires pour prendre des renseignemens.

ART. 13. Connaissance sera immédiatement donnée par le Collecteur, au Conseil divisionnaire, des nom , prénoms et demeure des candidats proposés pour que le Président de ce conseil puisse en informer le comité d'administration.

ART. 14. A la séance indiquée pour entendre les renseignemens, si le comité d'administration par la voie du conseil divisionnaire n'a donné un avis contraire à l'admission auquel cas elle devait être ajournée jusqu'à nouvel ordre, la section entendra le rapport sur les candidats, les acceptera ou les rejettera ; deux voix suffiront pour le rejet.

ART. 15. Si l'admission est votée, le candidat sera présenté, lecture lui sera faite du règlement des sections et du programme ; il recevra son numéro d'ordre et fera partie de la section.

ART. 16. Lorsqu'un citoyen aura été admis dans une section trop éloignée de son domicile, et que dans la localité qu'il habite une section aura été formée, il pourra être réuni à cette section.

ART. 17. Tout souscripteur doit, à l'époque de son admission dans une section, acquitter le montant de sa souscription mensuelle et dont il lui est tenu compte pour le mois suivant dans le cas où il aurait été admis postérieurement au 20 : il versera en outre un franc à la caisse de secours pour souscription obligée d'admission. Dans aucun cas il n'aura droit aux publications antérieures sans en acquitter à part le montant.

ART. 18. Tout souscripteur qui pendant trois mois, et sans cause majeure constatée, aura cessé de verser le montant de sa souscription mensuelle, sera considéré comme démissionnaire et son nom sera rayé de la liste des souscripteurs; toutefois, il pourra obtenir sa réintégration en acquittant le montant des souscriptions arriérées, et sur nouveaux renseignemens.

ART. 19. L'absence sans motif légitime à trois réunions consécutives entraînera la suspension et pourra donner lieu à l'expulsion du sectionnaire.

ART. 20. Tout souscripteur qui aura été déclaré par sa section dans le cas d'exclusion, sera tenu de rendre compte de sa conduite devant une commission de cinq membres nommés par le comité d'administration, laquelle prononcera la radiation, s'il y a lieu.

ART. 21. Il est du devoir de tout membre de la Société de déclarer à sa section tous les faits qui viendraient à sa connaissance, et qui seraient capables d'attaquer dans sa moralité ou dans son civisme qui que ce soit des citoyens de l'association, et quelque soit l'emploi qu'il y occupe. Ce rapport donnera lieu à une enquête tendant à la réhabilitation de l'accusé ou à son exclusion des rangs de l'Association.

TROISIÈME PARTIE.

Travaux de Sections.

ART. 22. Les réunions des sections ont pour objet :

1° Les communications faites par le Comité d'administration sur une partie ou sur la généralité de son travail, tant sous le rapport moral que sous le rapport matériel.

2° Les décisions prises par les sections elles-mêmes sur leurs propres besoins, ou sur les propositions, réclamations ou communications qu'elles jugent nécessaires d'adresser au Comité d'administration dans des vues d'intérêt général ou particulier.

ART. 23. A l'ouverture de chaque séance, lecture est faite par le secrétaire du dernier procès-verbal, après quoi le collecteur procède à l'appel nominal. Les Commissaires chargés de prendre des renseignemens font leur rapport, à la suite duquel l'admission ou le rejet des candidats est prononcé.

La section s'occupe ensuite des principes de l'association développés dans ses écrits, dans les instructions orales des délégués de la Commission d'instruction et dans les observations des membres souscripteurs.

La séance est terminée par la proposition des candidats, la nomination des commissaires chargés de prendre les renseignemens, la fixation du jour, du lieu, de l'heure et du motif de la prochaine réunion, et du tout est dressé procès-verbal.

ART. 24. Les votes devront toujours avoir lieu à la majorité absolue des suffrages et par assis et levé, à moins que le scrutin secret ne soit réclamé par trois membres au moins.

ART. 25. Dans un cas urgent, le secrétaire, ou, en son absence, le trésorier pourra, sur l'invitation de trois membres de la section, en convoquer les souscripteurs.

CHAPITRE II. — *CONSEIL DIVISIONNAIRE.*

Art. 26. Les Conseils divisionnaires sont l'intermédiaire entre le Comité d'administration et les sections; leurs attributions consistent dans la recherche des besoins d'instruction des sections qu'ils représentent. Ils adressent au Comité d'administration, par la voie de leur Président, les états financiers et personnels des sections, leurs réclamations et l'extrait des procès-verbaux qui doivent lui être remis; les Présidens leur transmettent également tout avis, compte-rendu, ordre du jour, et généralement toute communication faite par le Comité d'administration aux sections.

CHAPITRE III. — *DU COMITÉ D'ADMINISTRA-TION.*

Art. 27. Ce Comité est chargé de l'administration générale de l'Association.

Il convoque extraordinairement les réunions générales tant de l'Association toute entière que des divisions et commissions spéciales; délègue des membres pris dans son sein ou dans celui de la commission d'instruction pour assister aux travaux des sections, des Conseils divisionnaires ou des divisions assemblées.

Il opère les formations de divisions, les mutations ; désigne les membres qui sont appelés à la Commission d'instruction et les révoque ; organise dans son sein ou sous sa surveillance spéciale toute commission temporaire ou permanente qu'il sera jugé nécessaire de former, telle que Commission de propagande, d'enquête de secours, etc.; prend des arrêtés pour assurer l'exécution de ses décisions.

Il sanctionne ou rejette toute question de principes proposée ou soulevée par la Commission spéciale d'instruction ; reçoit, discute, refuse ou accepte toute publication présentée par cette même commission ou par les correspondans de l'association, en ordonne l'impression s'il y a lieu, et la distribution aux diverses sections ou au public ; enfin, vote les dépenses à faire dans l'intérêt de l'association, en fixe l'emploi et reste chargé et responsable de la comptabilité générale, de la présentation des comptes et des rapports matériels et moraux de son administration.

28. Le Président, le Vice-Président et les Secrétaires généraux du Comité étant nommés

par l'association toute entière, il sera seulement procédé à la nomination d'un secrétaire particulier et d'un trésorier. Le Secrétaire peut être pris hors du sein du Comité ; mais, dans ce cas, il en devient membre avec voix délibérative.

Art. 29. Le Président convoque le Conseil, veille à l'ordre de ses travaux, en détermine le mode et la gestion, distribue le travail dans le sein du Comité, signe en minute les arrêtés ou ordres du jour, les mandats de paiemens, les comptes-rendus, en un mot, tout acte émané du Comité d'administration.

Le Vice-Président remplace le Président en cas d'absence, et l'assiste dans l'exercice de ses fonctions.

Art. 30. Le Secrétaire tient le registre des délibérations du Comité, dresse le procès-verbal de chaque séance, contresigne par mandement tous les arrêtés qui doivent être adressés aux conseils divisionnaires, aux commissions ou aux sections, toute délégation et toute correspondance intérieure ; enfin, il adresse aux Présidens de la commission des finances tout mandat de versement pour l'acquit des frais d'administration, sur les fonds des sections à ce destinés, et dresse le budget général des frais d'administration au commencement de chaque trimestre.

Art. 31. Le secrétaire pourra être secondé dans ses opérations par un adjoint également nommé par le comité.

Art. 32. Le Trésorier reçoit des mains du Président de la commission des finances le montant des mandats tirés par le comité sur les fonds d'administration tenus en réserve par les sections; acquitte les mandats de paiement délivrés par son président, et rend trimestriellement son compte en deniers.

Art. 33. Les secrétaires généraux se répartissent selon leur convenance leurs travaux qui consistent dans la correspondance avec les sections ou leurs conseils divisionnaires, les sociétés patriotiques étrangères, avec l'association du Progrès ou tout autre correspondant de Paris ou des départemens, qu'il serait jugé convenable de mettre en relation avec la société, dont ils devront communiquer les lettres au comité, mais dont ils pourront taire les noms si ces correspondans, par des causes particulières ou d'intérêt général, l'exigent. Ils président de droit la commission d'instruction, divisent ses memʋres en sections spéciales de rédaction, de publication ou de consultation ou les réunissent en assemblée générale quand cela est convenable ; surveillent l'impression des publications, en corrigent les épreuves avec le souscripteur qui les a rédigées, et ont entrée, avec voix consultative, seulement dans tous les conseils divisionnaires et dans toutes les sections ; enfin ils sont les délégués spéciaux de l'association dans toutes les réunions ou comités formés hors de son sein.

CHAPITRE IV. — *DE LA COMMISSION D'INSTRUCTION.*

Art. 34. La commission d'instruction est composée d'un nombre illimité de membres choisis dans le sein des sections par le comité d'administration sur la proposition des secrétaires généraux.

Elle est appelée à traiter les questions morales, contentieuses et d'économies politiques qui intéresseront la société en particulier et le peuple en général ; enfin à travailler aux publications que l'association devra émettre pour répandre l'instruction et la vérité dans les classes prolétaires.

Elle s'assemble sur l'invitation des secrétaires généraux en sections spéciales ou en réunion générale ; et dans les deux cas, elle nomme un Vice-Président et un secrétaire temporaire dont les fonctions durent autant que cela est nécessaire pour traiter le sujet proposé.

Art. 35. Nul écrit fourni par un membre de la commission ne pourra être imprimé au nom de l'association, s'il n'a été sanctionné par le comité d'administration ; dans le cas où les expressions, seulement, en seraient trouvées trop fortes, mais où cependant, les doctrines qui y seraient formulées ne seraient pas contraires aux principes de la société, l'impression pourra en être ordonnée, la distribution faite aux frais de l'association ; mais l'écrit ne portera pas le nom social, et sera signé par l'auteur qui en demeurera responsable.

CHAPITRE V. — *DES FINANCES.*

Art. 36. Les fonds de l'Association provenant de la souscription mensuelle de cinquante centimes versés par chaque souscripteur sont répartis de la manière suivante, savoir : trente-cinq centimes restant entre les mains des caissiers sectionnaires, et spécialement destinés à être employés en publications; et quinze centimes, restant également entre les mains de ces mêmes caissiers, mais formant un fond de frais d'administration sur lequel il est prélevé tous les trois mois, et proportionnellement aux fonds perçus, le montant du budget trimestriel, présenté par le Comité d'administration à la Commission des finances, et approuvé par elle.

ART. 37. La Commission des finances est nommée par la voie du sort dans une réunion générale des commissaires vérificateurs; elle est composée d'autant de membres qu'il y a de divisions; ses fonctions consistent à vérifier les pièces présentées à l'appui du compte en deniers fourni par le comité d'administration, pour l'exercice trimestriel expiré, à voter le budget des frais généraux d'administration pour le trimestre suivant, et à s'assurer enfin si les fonds sont intacts entre les mains des trésoriers.

ART. 38. Cette Commission nomme dans son sein un Président qui dirige ses travaux, délègue des membres aux vérifications et fait percevoir par eux le contingent à fournir par chaque section d'après l'état du personnel fourni au comité d'administration et en verse le montant entre les mains du trésorier du Comité.

Art. 39. Nul membre de la commission des finances ne peut y être appelé de nouveau dans le courant de l'année où il en aura fait partie.

TITRE III.

CHAPITRE UNIQUE. — *DES SECTIONS A L'EXTÉRIEUR.*

Art. 40. Les sections à l'extérieur sont formées soit par la réunion de plusieurs souscripteurs, soit par les soins d'un collecteur d'office, chargé à cet effet de pouvoirs spéciaux du comité d'administration. Ces sections se conforment dans leurs travaux à tout ce qui a été fixé dans le présent règlement pour les sections à l'intérieur.

Art. 41. Tant qu'une seule section sera formée dans une localité de l'extérieur, elle correspondra par la voie de son collecteur avec les secrétaires généraux, mais lorsqu'il y aura trois sections elles formeront une division suivant ce qu'il a été dit art. 2, et correspondront avec le Comité d'administration par la voie du Président divisionnaire ; enfin lorsqu'il y aura neuf sections, elles formeront un Comité extérieur composé de trois divisions et correspondront par voie de son Président.

ART. 42. Le Comité extérieur fait nommer conformément à ce qu'il a été dit art. 27, une commission chargée de l'instruction orale et de la correspondance avec les bureaux de rédaction et de publication ; cette commission se répartit son travail ainsi qu'elle le juge convenable suivant les besoins de la localité en se conformant autant qu'il lui est possible au chapitre cinq du présent règlement, et en restant pour les principes dans les limites fixées par le programme de l'association.

ART. 43. Les frais de correspondance des sections à l'extérieur restent entièrement à leur charge ; elles sont du reste libres de disposer de leurs fonds ainsi qu'elles le jugeront convenable, à moins d'une décision du Comité d'administration auquel elles enverront un délégué ; décision qui ne pourra jamais porter que sur l'obligation de souscrire à des publications périodiques et pour une somme qui ne pourra dépasser la moitié des souscriptions.

Art. 44. Les publications de l'association seront toujours livrées aux sections à l'extérieur comme à l'intérieur, au prix coûtant addition faite des frais de transport et de livraison.

Art. 45. Les sections, divisions, ou comités extérieurs, adressent tous les trois mois au Comité d'administration un état numérique de leur personnel et de la situation morale de leurs membres ainsi que de la localité.

Art. 46. Le présent règlement, dont un extrait en ce qui concerne les sections sera délivré à chaque souscripteur avec son numéro d'ordre, sera revisable par les collecteurs réunis; néanmoins sa révision devra être demandée par le tiers au moins des collecteurs présens à Lyon, et décidée à la majorité absolue des suffrages.

TITRE ADDITIONNEL.

De la Commission de Secours.

Art. 47. La Commission de secours est conposée de trois membres spéciaux auxquels sera adjoint suivant le besoin autant de membres qu'il sera jugé nécessaire.

Art. 48. Cette Commission a pour objet spécial d'aider les membres de l'Association qui seraient dans le besoin, soit par suite de la manifestation légale de leur opinion, soit pour toute autre cause qui ne compromettrait point l'Association. Elle est, comme il a été dit ci-devant, sous la direction spéciale du Comité d'administration ; ses membres titulaires et adjoints sont toujours choisis par le comité.

Art. 49. La commission de secours a deux caisses, l'une appelée de cautionnement et destinée à recevoir le versement fait par chaque membre à son admission à titre de souscription obligée, dont le montant est spécialement destiné à fournir un cautionnement aux membres de l'Association qui seraient détenus pour causes politiques : l'autre nommée caisse de secours et dans laquelle est versée la contribution imposée à chaque section sur les fonds destinés à cet emploi.

Les fonds de chacune de ces caisses pourront être augmentés par des souscriptions volontaires, un compte exact en seraient rendu à toutes les sections.

Art. 5o. A dater de la publication du présent règlement, chacun des membres de l'Association devra en recevant son numéro d'ordre verser le montant de la souscription imposée pour l'admission.